Bibliografische Information der Deutschen Nationalbibliothek:

Die Deutsche Bibliothek verzeichnet diese Publikation in der Deutschen National-
bibliografie; detaillierte bibliografische Daten sind im Internet über http://dnb.d-
nb.de/ abrufbar.

Impressum:

Copyright © 2014 GRIN Verlag, Open Publishing GmbH
Druck und Bindung: Books on Demand GmbH, Norderstedt Germany
ISBN: 9783668540859

Dieses Buch bei GRIN:

http://www.grin.com/de/e-book/376635/unterricht-sehen-analysieren-gestalten-
drei-unterrichtsprinzipien-im

Lisa Zechmann

Unterricht sehen, analysieren, gestalten. Drei Unterrichtsprinzipien im Fokus

GRIN Verlag

GRIN - Your knowledge has value

Der GRIN Verlag publiziert seit 1998 wissenschaftliche Arbeiten von Studenten, Hochschullehrern und anderen Akademikern als eBook und gedrucktes Buch. Die Verlagswebsite www.grin.com ist die ideale Plattform zur Veröffentlichung von Hausarbeiten, Abschlussarbeiten, wissenschaftlichen Aufsätzen, Dissertationen und Fachbüchern.

Besuchen Sie uns im Internet:

http://www.grin.com/

http://www.facebook.com/grincom

http://www.twitter.com/grin_com

Ludwigs-Maximilians-Universität
Lehrstuhl der Schulpädagogik
Wintersemester 13/14

Unterricht sehen, analysieren, gestalten

Inhaltsverzeichnis

1. Unterrichtsprinzip: Strukturierung

1. Einführung

Um der Aufgabenstellung gerecht zu werden, bedarf es zu Beginn einer Definition der Strukturierung im Bezug auf Unterricht. Anschließen soll sowohl die Bedeutung des AVIVA-Schemas als auch des offenen Unterrichts erläutert werden. Zum Schluss wird genauer auf den Zusammenhang der beiden Modelle eingegangen.

2. Strukturierung

„Unterrichtsstrukturierung ist [...] die *organisierte Ermöglichung von Situationen des Lehrens und Lernen, in Raum und Zeit.* Diese Organisation erfordert Entscheidungen, bestimmte Dinge zu tun oder zu unterlassen." (Kiel, 2012, S.21, Hervorhebungen im Original.)

3. Das AVIVA-Schema

Das wohl bekannteste Schemata zur Unterrichtsstrukturierung ist das AVIVA-Schema, welches durch Pädagogen wie Herbart, Städli und Grassi geprägt wurde. Dieses untergliedert sich in fünf Phasen mit der Zielsetzung des selbstverantwortlichen Lernens und lässt sich wiederum in jeder Etappe in *direktes* und *indirektes Vorgehen* differenzieren. Das direkte Vorgehen wird durch einen relativ großen Einfluss der Lehrperson gekennzeichnet, wohingegen das *indirektes Vorgehen* auf selbständiges Lernen und problemlösende Handeln, durch den Schüler, abzielt. Der Begriff AVIVA, setzt sich aus den Anfangsbuchstaben der verschiedenen Phasen zusammen. Jede Unterrichteinheit beginnt mit der Phase *Ankommen und Einstimmen*, welche die Schüler mit dem Thema der Unterrichtsstunde vertraut machen soll. Sowohl Medien als auch aktuelle Themen können als Unterrichtseinstieg dienen, jedoch gilt das problemorientierte Einsteigen als motivationsfördernd. Anknüpfend an das *Ankommen und Einstimmen* erfolgt der Schritt *Vorwissen aktivieren*. „Im Sinne einer konstruktiven Auffassung von Lernen dient dies vor allem dazu, eine kognitive Struktur zu schaffen, die es ermöglicht, neues Wissen mit vorhandenen Strukturen zu verknüpfen." (Kiel, 2012, S. 32) Dies kann spielerisch, durch das gemeinsame Sammeln von Ideen oder auch durch die Korrektur eine Hausaufgabe geschehen. Das *Informieren* kennzeichnet den nächsten Abschnitt. Der Einfluss der Lehrkraft kann hier flexibel gehandhabt werden, wobei es sich aus der Sicht des Schülers um ein *Informiert werden* oder ein sich selbst informieren handelt. Ausflüge, Referate oder das Plenum kann als Mittel eingesetzt werden. Die vorletzte Phase, in der es um die Vertiefung und dauerhafte Speicherung des eben erlernten Wissens geht, nennt sich *Verarbeiten*. Dieser Prozess wird durch das Lösen von Aufgaben unterstützt und kann einen längeren Zeitraum beanspruchen. Den Abschluss des AVIVA Schemas bildet das *Auswerten*, welches die Selbstreflexion über den vorangegangenen Lernvorgang und das Erreichen bzw. nicht Erreichen des Lernziels inkludiert. Der mehrfache Vollzug der einzelnen Einheiten ist nicht auszuschließen. (Kiel, 2012)

3. Offener Unterricht

Offener Unterricht ist eine Möglichkeit den Unterricht zu organisieren, welche dem Schüler

Handlungsfreiraum gestattet.

Rahmenziele werden in Kooperation von Lehrer und Schüler erarbeitet und klar formuliert, sie sind jedoch individuell an das Wissensniveau und Lerntempo jedes Einzelnen anpassbar. Meist werden die Ziele durch Anknüpfung an aktuelle Thematiken fest gesetzt. Methoden zur Selbständigkeit und Zusammenarbeit stehen klar im Vordergrund. Die Dauer zur Bearbeitung des Auftrags wird durch die Lehrkraft definiert, die genaue zeitliche Einteilung und Organisation ist dem Individuum überlassen. Die Festlegung der expliziten Aufgabenstellung erfolgt, so weit wie möglich, durch die Schüler selbst. Der Lernerfolg und eine Kontrollhilfe wird durch Arbeitsgruppen und die Lehrperson gewährleistet. Somit beinhaltet der offen Unterricht, sowohl gruppenorientiertes Arbeiten als auch eigenverantwortliches Lernen. Weitere wichtige Aspekte sind das soziale Lernen und das konstruktive Anleiten durch den Lehrer um Konflikt– und Störungsvermeidung zu fördern. (Köck, 2008)

4. Zusammenhang zwischen dem AVIVA- Schema und offenem Unterricht

Nach den eben erläuterten Prinzipien und Merkmale der einzelnen Modelle, soll in diesem Teil der Arbeit der Zusammenhang zwischen dem AVIVA-Schema und dem offenen Unterricht hergestellt werden.

Die Phase des *Ankommen(s) und Einstimmen* lässt sich sehr gut auf den offenen Unterricht anwenden. So wird die Aufmerksamkeit der Schüler durch die Nennung des Themas bzw. des Rahmenziels gewonnen, die explizite Zielsetzung wird dann anschließend im Kollektiv ausgearbeitet. In den darauffolgenden Stufen muss man in Bezug auf die Anwendung auf den offenen Unterricht ein wenig differenzierter Vorgehen. So ist es in der zweiten Phase des Modells zur Unterrichtsstrukturierung möglich, das Schema auf den offenen Unterricht anzuwenden, jedoch muss hier auf das d*irekte Vorgehen* und das i*ndirekte Vorgehen* konkreter eingegangen werden. Da der offene Unterricht auf selbständiges Lernen Wert legt, eignet sich die Anwendung des i*ndirekten Vorgehens* in dieser Phase besser, als die des *direkten Vorgehens*. Somit versuchen die Schüler in Eigen- oder Gruppenarbeit das neue Thema mit bereits Gelerntem zu verknüpfen, die Lehrperson hat hier nur eine Hilfsfunktion inne. Auch in der dritten Etappe ist die oben genannte Differenzierung hilfreich. So hängt hier der Grad der Anwendungsmöglichkeit vom Grad der Lenkung des Lehrperson innerhalb des *Informieren(s)* ab. Das d*irekte Vorgehen* impliziert das informiert werden und das *indirekte Vorgehen* das sich selbst informieren.

So lässt sich das sich selbst informieren perfekt auf den offen Unterricht anwenden. Jedoch kann auch die direkte Vorgehensweise an diese Art der Unterrichtsorganisation angepasst werden, gewährleistet wird dies z.B durch informiert werden innerhalb einer Gruppenarbeit.

Die Stufe *Verarbeiten* ist ebenfalls auf den offenen Unterricht übertragbar, hier ist die Unterscheidung von *direktem* und *indirektem Vorgehe*n nicht erforderlich, da die Verarbeitungsphase das Hauptaugenmerk auf den Schüler legt. Das eben Gelernte kann beispielsweise durch Aufgabenlösen, wählbar in Einzelarbeit und Gruppenarbeit oder bei einem längerfristigen Projekt zu Hause wiederum in Einzel und Gruppenarbeit vertieft werden. Durch die freie Wahl der Sozialform wird die

4

Eigenständigkeit des Schülers gefordert und gefördert.

In der Letzten Phase *Auswerten* ist es wiederum sehr nützlich zwischen den zwei Vorgehensweisen zu unterscheiden. So kann mit Hilfe von Ausfragen durch den Lehrer, sprich in der *direkten Vorgehensweise*, das Gelernte überprüft werden, jedoch ist hier die Eigenständigkeit des Lernenden eingeschränkt und findet somit keine Anwendbarkeit im offenen Unterricht. Im Gegensatz dazu, können auch die Schüler selbst ihren Lernerfolg überprüfen, durch einen selbst entworfenen Fragenkatalog mit unterschiedlichen Schwierigkeitsniveaus. So ist das Auswerten individuell an den Lernenden anpassbar.

Zusammenfassend lässt sich sagen, dass sich das AVIVA- Schema auf die Unterrichtsmethode des offenen Unterrichts anwenden lässt. Hierbei darf man jedoch nicht außer Acht lassen, dass die Anwendbarkeit immer im Zusammenhang mit dem Einfluss der Lehrkraft steht und man deshalb meist zwischen der *direkten* und der *indirekten Verhaltensweise* differenzieren muss.

Da bei beiden Modellen das Ziel des selbst orientierten Lernens im Vordergrund steht, kann man die Entwicklung vom *direkten* zum *indirekten Verhalten* eventuell auch als allmähliche Hinwendung zum offenen Unterricht interpretieren.

2. Unterrichtsprinzip: Motivation

1. Einführung

Wie im ersten Teil dieser Arbeit wird auch hier mit einer Definition begonnen, anschließend werden die Anforderungen an Lehrer und Schüler und der daraus einstehenden Konflikte, anhand des Textbeispieles erläutert. Des weiteren werden die möglichen Handlungsoptionen aufgezeigt und das Handlungsmodel von Keller beschrieben.

2. Motivation

"Motivation ist eine grundlegende Voraussetzung für gute Leistungen und erfolgversprechendes Lernen. Sie ist die Anregung und Erhaltung der Lust am Lernen und sie ist in der Wunsch eines jeden Menschen, etwas zu gestalten, auszuprobieren und zu bewirken." (Kiel, 2012, S. 37, zitiert nach Smolka, 2002)

3.Anforderungen

Die beispielhafte Spanischstunde nach Kiel und Pollak, weist verschieden Anforderungen sowohl an Schüler als auch an Lehrer auf.

Den Schülern wird die Aufgabe gestellt, innerhalb eines bestimmten Zeitrahmens, in diesem Fall einer Doppelstunde, sich mit einer arbeitsteiligen Gruppenarbeit zu befassen. Dementsprechend, fordert dieser Auftrag von den Schülern selbstständiges Arbeiten und eine Abstimmung innerhalb der Gruppe.

In der darauffolgenden Stunde soll das Ergebnis, der Klasse präsentiert werden. Hierbei müssen die Schüler, die für sie am geeignetsten erscheinende Methode finden und umsetzen.(Kiel, 2012)

Aus den eben genannten Anforderungen ergeben sich vielschichtige Probleme, so können sowohl

Konflikte innerhalb der einzelnen Gruppen als auch zwischen den verschiedenen entstehen. Gruppen intraspezifische Erschwernisse können beispielsweise unterschiedliche Bearbeitungsniveaus oder Uneinigkeit über Bearbeitungsart oder Präsentation sein. Interspezifische Probleme können ebenfalls differente Bearbeitungsniveaus sein, aber auch die Zeitvorgabe, in der schwächere Gruppen dem Arbeitsauftrag nicht gerecht werden können. Sowohl inter- als auch intraspezifisch kann die Motivation der einzelnen Schüler bzw. Gruppen zu Konflikten führen. Hierbei spielt der innere Antrieb und das Interesse eine große Rolle, die Aufgabe zielführend zu bearbeiten und anschließend zu präsentieren. So wird im Textbeispiel deutlich, dass die Motivation von Bearbeitung und Präsentation nicht einhergehen muss. Der Grund hierfür kann sowohl an den unterschiedlichen Stärken und Schwächen des Menschen liegen, im Bezug auf das Textbeispiel also das Referieren, als auch in der Motivation.

Um den Anforderungen und den daraus entstehenden Konflikten gerecht zu werden, ist die größte Anforderung die ich an mich selbst in der Rolle der Lehrkraft stelle, das Interesse und die Motivation der Schüler zu wecken. Hierbei möchte ich besonders auf verschiedene Medien und Arbeitsmaterialien zurück greifen sowie den Bezug zum alltäglichen Leben herstellen. Ein weiterer wichtiger Aspekt ist die Unterstützung der Schüler durch meine Hilfestellung. Außerdem möchte ich auf die unterschiedlichen Schülertypen und Niveaus in angemessener Weise eingehen um den bestmöglichen Erfolg zu garantieren und somit jedem Schüler ein Erfolgserlebnis zu ermöglichen.

Demzufolge können die Schüler von mir einen gut vorbereiteten Unterricht und auf sie individuell zugeschnittene Aufgabenstellungen erwarten. Im Gegensatz dazu fordere eine störungsfreie und engagierte Bearbeitung.

4. Handlungsoptionen

Subjektiv betrachtet, ergeben sich für mich, in unserem Beispiel, drei gegensätzliche Handlungsmöglichkeiten. So besteht die Option, nachzugeben und ohne Konsequenzen keine ausführlichere Präsentation zu verlangen. Meiner Meinung nach ist hier der pädagogische Wert jedoch fraglich. Ein weitere Alternative hierzu, ist erneut nachzugeben, jedoch mit negativen Konsequenzen, beispielsweise bei der Notenvergabe.

Die dritte und von mir gewählte Verhaltensweise, ist der Versuch die Schüler dazu zu ermutigen ihre hart erarbeiteten Ergebnisse vorzustellen, wenn nötig auch mit Nachdruck. Hierbei möchte ich den Lernenden aufzeigen, dass das Vorstellen für sie, als Übung, und auch für die zuhörenden, zum besseren Verständnis, von nutzen ist.

Für diese Handlungsoption entscheide ich mich, um die Schüler auf spätere Anforderungen z.B in der Arbeitswelt, vorzubereiten und ihnen das Lehrer- Schülerverhältnis sowie das daraus resultierende Autoritätsgefälle zu verdeutlichen.

3. Unterrichtsprinzip: Differenzierung

1.Einführung

Um die weitere Aufgabenstellung zu verstehen und sie bestmöglichst zu bearbeiten, soll auch hier erneut mit einer Definition begonnen werden. Anschließen werden die wichtigsten Punkte des Models zur Differenzierung von Klafki & Stöcker erläutert. Zum Ende hin werden eine Filmsequenz anhand eines Kriterienrasters analysiert.

2. Differenzierung

„Differenzierung bezeichnet alle Maßnahmen schul- und unterrichtsorganisatorischer Art, die zur Förderung von Schülern und Schülerinnen oder von Lerngruppen aufgrund unterschiedlicher Neigungen, Begabungen, Interessen, Schwächen und Stärken unter Berücksichtigung des jeweiligen Entwicklungsstandes ergriffen werden, was zu einer Individualisierung des Unterrichts beiträgt." (Kiel, 2012, S.67)

3.Wichtige Aspekte des Models zur inneren Differenzierung nach Klafki & Stöcker

Bevor auf die einzelnen zentralen Punkte der inneren Differenzierung eingegangen wird, soll die Notwendigkeit der Differenzierung geklärt werden. Im Rahmen der Schule wird der Begriff *Innere Differenzierung* häufig mit Chancengleichheit verbunden. Um diesem Anspruch gerecht zu werden, ist die *Innere Differenzierung* ein nötiges Mittel für einen erfolgversprechenden und zielführenden Unterricht. (Klafki, 1994)

Somit, soll die bestmögliche Unterstützung für jeden Schüler und auch dessen individuelle Persönlichkeitsentwicklung gewährleistet werden. Zudem dient die *Innere Differenzierung* dazu, den Kindern Selbständigkeit und soziale Kompetenzen zu vermitteln. (Klafki, 1994)

Um die *Innere Differenzierung* zu realisieren müssen einige Faktoren beachtet werden.

So untergliedert sich die *Innere Differenzierung* in zwei Aspekte, welche nicht strikt von einander getrennt werden müssen, sondern sich auch durchaus miteinander verknüpfen lassen. Es ist demnach, eine Differenzierung im *Bereich der Lernziele und Lerninhalte* und zusätzlich von *Methoden und Medien* möglich.

Erstere Option hat die Basis, dass nicht alle Schüler das gleiche Potenzial besitzen und somit nicht das gleiche Ziel erreichen können. Deshalb wird diese Form der Differenzierung in *Fundamentum* und *Additum* unterteilt. So stellt das *Fundamentum* eine Wissensgrundlage dar, welche jeder Schüler in einem gewissen Zeitraum erreichen muss. Das *Additum* dagegen charakterisiert gewisse zusätzliche Ziele, welche der Lernende, nach Erreichen des Basisziels erlangen kann, jedoch nicht muss.

Wichtig im Bezug auf die *Inneren Differenzierung* ist, dass jede einzelne Einheit des Unterrichts in Fundamentum und Additum untergliedert werden muss, erstreckt sich diese Unterteilung jedoch auf einen längeren Zeitraum, spricht man wiederum von *äußerer Differenzierung*. So wird in der gymnasialen Oberstufe beispielsweise in Grund- und Leistungskurse unterschieden. (Klafki,1994)

Die zweite Form der *Inneren Differenzierung von Methoden und Medien* dagegen, lässt sich so konkret ohne weitere Formen der Inneren Differenzierung kaum durchführen. So ist es geradezu illusorisch, dass alle Schüler die gleichen Ziele nur durch andere Methoden oder Hilfsmittel lernen können. Folglich lässt sich bei dieser Form ein Zusammenwirken mit der Inneren Differenzierung im Bereich der Lernziele und der Lerninhalte kaum vermeiden. Ein anderer Faktor zur Durchführung von *Innerer Differenzierung* ist „das Vorhandensein differenzierter Arbeitsmaterialien."(Klafki,1994)

Als weitere Bedingung für eine zielführende Umsetzung ist es wichtig, dass die Lernenden den Hergang und auch die verschiedenen Mittel des Unterrichts begreifen und umsetzten können. So ist es erforderlich den Schülern diese Art des Unterrichts Schritt für Schritt bei zubringen um somit das Erreichen der Zielsetzung überhaupt zu ermöglichen. (Klafki, 1994)

Die beste Möglichkeit der Verwirklichung von *Innerer Differenzierung* ist laut Klafki jedoch das *Dimensionen- und Kriterienraster.* Dieses Modell besteht aus drei Stufen.

Die Dimension A bezieht sich auf vier *Phasen des Unterrichts.* Die erste handelt von *Aufgabenstellung oder Aufgabenentwicklung,* darauf folgen die Phasen der *Erarbeitung,* der *Festigung* und die der *Anwendung.* Diese vier Phasen finden in jeder Unterrichtssequenz statt. Die *Differenzierungsaspekte* entsprechen der Dimension B, welche wiederum in 6 Unterpunkte untergliedert werden kann. Der erste Punkt ist der Zeitaufwand und der Stoffumfang, welcher die Dauer im Bezug auf die Stoffmenge beschreibt. Der zweite Gesichtspunkt ist der *Komplexitätsgrad* der Aufgabenstellung, woraufhin der Aspekt der *Anzahl der notwendigen Durchgänge* folgt. Die *Notwendigkeit direkter Hilfe bzw. Grad der Selbständigkeit entsprich*t dem vierten *Differenzierungsaspekt. Der vorletzte Punkt ist die Art der inhaltlichen oder methodische Zugänge bzw. der Vorerfahrungen.* Zum Schluss ist noch die *Kooperationsfähigkeit* der einzelnen Lerneden zu nennen. Die Dimension C des *Dimensionen- und Kriterienrasters* bezeichnet die *Aneignungs- bzw. Handlungsebenen* und kann auf alle vier Unterrichtsstufen der Dimension A übertragen werden.

Die Aufspaltung in Handlungsebenen erfolgt wiederum in 3 Schritten. So wird die erste Stufe als *konkrete Aneignung- bzw. Handlungsebene charakterisiert* und bezieht sich somit eher auf optische oder haptische Aneignung von Wissen. Die *explizit-sprachliche Aneignungs- bzw. Handlungsebene* bezeichnet die zweite Stufe, welche die zuvor, in der ersten Stufe, aufgenommenen Eindrücke auf eine orale Ebene bringt und somit durch Kommunikation besser verständlich macht. Die darauffolgende *rein gedankliche Aneignungsebene* verzichtet völlig auf den sprachlichen Aspekt und setzte sich nur auf geistiger Ebene mit dem neu Erlerntem auseinander.

Diese drei Handlungsebenen dienen somit zur besseren Durchführung der Inneren Differenzierung und ermöglichen dem Lehrer Unterrichtseinheiten besser zu strukturieren und zu planen. (Kiel, 1995)

4. Analyse der Filmsequenz mit Hilfe des bei Klafki & Stöcker ausgebildeten Kriterienrasters

Die Unterrichtsphase Aufgabenstellung wird hier durch das Vorlesen der Geschichte der Raupe Nimmersatt charakterisiert. Im Bezug auf Dimension B ist der Stoffumfang bzw. der Zeitwand und der Komplexitätsgrad hier noch für alle Schüler gleich, außerdem erfolgt nur ein einmaliger Durchgang der Geschichte. Vorgelesen wird die Geschichte von der Lehrerin, weshalb diese Phase nur einen geringen Grad der Selbstständigkeit aufweist, die Schüler müssen lediglich zuhören. Als methodischen Zugang dient hier die Veranschaulichung durch Bilder und der auditive Effekt des

Vorlesens. Eine Zusammenarbeit ist in diesem Abschnitt sehr gering gegeben, nur die letzten Worte der Geschichte „ein schöner Schmetterling" werden gemeinschaftlich gesprochen. Verknüpft man Dimension A und C so erkennt man die erste Phase die konkrete Handlungsebene, welche durch das Zuhören und der Visualisierung der Geschichte charakterisiert wird. Die zweite Handlungsebene erfolgt durch das kooperative Sprechen der Schlusswortes. Die gedankliche Handlungsebene lässt sich anhand des Filmes nicht greifen, es kann jedoch vermutet werden, dass die Kinder das eben Gehörte, geistig verarbeiten.

In der Unterrichtsphase des Erarbeitens ist der Stoff- und Zeitaufwand jedes Schülers individuell. So nennt jeder Schüler, in der ersten Stufe der gemeinschaftlichen Rekapitulation der Nahrungsaufnahme der Raupe, die Nahrungsmittel die er sich merken konnte. In der zweiten Stufe, schreibt dann jeder Schüler für sich selbst die Dinge auf, die er sich merken konnte. Eine Zeitvorgabe ist hier nicht vorhanden. In der Erarbeitungsphase lassen sich unterschiedliche Schwierigkeitsniveaus erkennen. So wird die Klasse direkt nach dem Vorlesen in zwei Gruppen unterteilt. Insgesamt erfolgen hier 2 Durchgänge der Stoffwiederholung; Eine gemeinschaftliche und eine innerhalb der Stillarbeit des Niederschreiben des angeeigneten Wissens. Zugänglich gemacht, wird das Thema, durch die Lebensmittel und die beschrifteten Kärtchen. Während beiden Durchgängen erfahren die Schüler eine Hilfestellung durch die Lehrperson. Es erfolgt in diesem Stadium sowohl Gruppenarbeit als auch Einzelarbeit. Die Dimension C lässt sich auch hier erneut anwenden. Durch das optische Wahrnehmen des Essens und der Kärtchen erfolgt die erste Handlungsebene; Durch das Nennen der Zusammengehörigen Paaren aus Essen und Karte erfolgt die Zweite. Zum Schluss wird durch die Verschriftlichung die dritte Ebene realisiert.

In der dritten Unterrichtsphase *Festigung*, lesen sich die Banknachbarn gegenseitig vor. Hier bestimmt jeder Schüler sein eigenes Lesetempo. Der Komplexitätsgrad ist bei jedem Schüler identisch, außerdem erfolgt nur ein Durchgang. Der Grad der Hilfestellung ist hier gleich Null, diese Phase ist durch Selbständigkeit gekennzeichnet. Durch das Zuhören des Nachbarn, wird diese Phase dem Schüler näher gebracht. Die Form der Durchführung erfolgt durch Partnerarbeit. Die erste Ebene der Dimension C lässt sich hier nicht nachvollziehen, jedoch wird durch das Vorlesen die zweite Ebene realisiert. Da der Banknachbar seinem Partner zuhört ist auch die Verwirklichung der 3. Ebene gegeben.

Die letzte Phase des Unterrichts, *Anwendung/ Transfer,* wird durch den Gesang und das Vorspielen der Geschichte gekennzeichnet. Das Lied hat zwar den gleichen Stoffumfang und Zeitaufwand sowie die gleiche Komplexitätsstufe, jedoch kann jeder Schüler mitsingen so gut es ihm möglich ist. Hier erfolgt erneut nur ein Durchgang. Die Lehrerin singt mit, jedoch weist diese Stufe erneut einen hohen Grad an Selbstständigkeit auf. Motivation erhalten die Schüler durch das gemeinschaftliche Singen und Vorspielen. So ist die Zugänglichkeit gewährleistet. Das ganze erfolgt in gemeinschaftlicher Arbeit. Auch hier können die drei Handlungsebenen erneut angewendet werden. So erfolgt durch das das Vorspielen der Geschichte die erste Ebene und durch das Singen die Zweite. Die dritte Ebene lässt sich nicht erkennen, jedoch kann auch hier wider davon ausgegangen werden, dass die Kinder das

Gesungene anschließend geistig verarbeiten.

5. Quellen- und Literaturverzeichnis

–   Kiel, Ewald: Unterricht sehen, analysieren, gestalten; Bad Heilbrunn; Verlag Julius Klinkhardt, 2012.

–   Klafki, Wolfgang: Neue Studien zur Bildungstheorie und Didaktik; Weinheim und Basel; Beltz Verlag; 1994.

–   Klöck, Peter: Wörterbuch für Erziehung und Unterricht; Augsburg; Brigg; 2008.

BEI GRIN MACHT SICH IHR WISSEN BEZAHLT

- Wir veröffentlichen Ihre Hausarbeit,
  Bachelor- und Masterarbeit

- Ihr eigenes eBook und Buch -
  weltweit in allen wichtigen Shops

- Verdienen Sie an jedem Verkauf

Jetzt bei www.GRIN.com hochladen
und kostenlos publizieren